AF289452

5ch00l - school	2
7r4v3l - reis	5
7r4n5p0r7 - transport	8
c17y - stad	10
l4nd5c4p3 - landschap	14
r3574ur4n7 - restaurant	17
5up3rm4rk37 - supermarkt	20
dr1nk5 - drankjes	22
f00d - eten	23
f4rm - boerderij	27
h0u53 - huis	31
l1v1n6 r00m - woonkamer	33
k17ch3n - keuken	35
b47hr00m - badkamer	38
ch1ld'5 r00m - kinderkamer	42
cl07h1n6 - kleding	44
0ff1c3 - kantoor	49
3c0n0my - economie	51
0ccup4710n5 - beroepen	53
700l5 - werktuigen	56
mu51c4l 1n57rum3n75 - muziekinstrumenten	57
z00 - zoo	59
5p0r75 - sporten	62
4c71v17135 - activiteiten	63
f4m1ly - familie	67
b0dy - lichaam	68
h05p174l - ziekenhuis	72
3m3r63ncy - noodgeval	76
34r7h - aarde	77
cl0ck - klok	79
w33k - week	80
y34r - jaar	81
5h4p35 - vormen	83
c0l0r5 - kleuren	84
0pp051735 - tegengestelden	85
numb3r5 - cijfers	88
l4n6u4635 - Talen	90
wh0 / wh47 / h0w - wie / wat / hoe	91
wh3r3 - waar	92

Impressum
Verlag: BABADADA GmbH, Nedderfeld 112 , 22529 Hamburg
Geschäftsführer / Verlagsleitung: Harald Hof
Druck: Books on Demand GmbH, In de Tarpen 42, 22848 Norderstedt

Imprint
Publisher: BABADADA GmbH, Nedderfeld 112 , 22529 Hamburg, Germany
Managing Director / Publishing direction: Harald Hof
Print: Books on Demand GmbH, In de Tarpen 42, 22848 Norderstedt

5ch00l

school

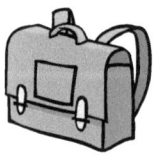

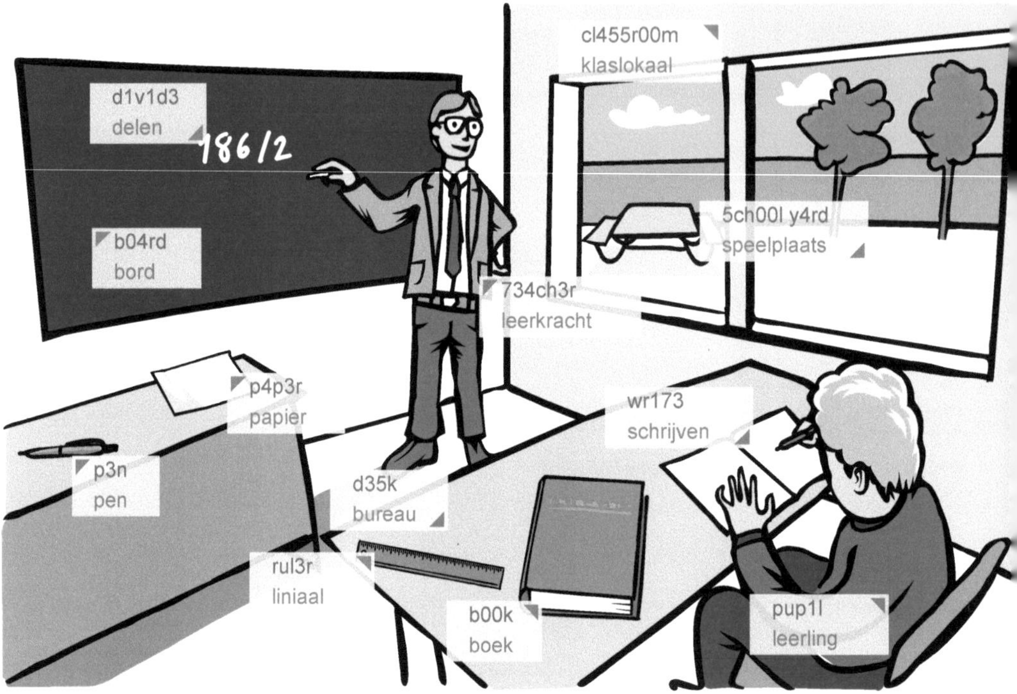
cl455r00m
klaslokaal
d1v1d3
delen
186/2
5ch00l y4rd
speelplaats
b04rd
bord
734ch3r
leerkracht
p4p3r
papier
wr173
schrijven
p3n
pen
d35k
bureau
rul3r
liniaal
b00k
boek
pup1l
leerling

547ch3l

schooltas

p3nc1l c453

pennenzak

p3nc1l

potlood

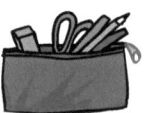

p3nc1l 5h4rp3n3r

puntenslijper

rubb3r

gom

dr4w1n6 p4d

tekenblok

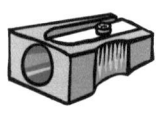

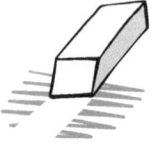

dr4w1n6

tekening

p41n7bru5h

verfborstel

p41n7 b0x

verfdoos

5c1550r5

schaar

6lu3

lijm

3x3rc153 b00k

werkboek

h0m3w0rk

huiswerk

numb3r

nummer

4dd

optellen

5ub7r4c7

aftrekken

mul71ply

vermenigvuldigen

c4lcul473

rekenen

l3773r

letter

4lph4b37

alfabet

w0rd

woord

73x7

tekst

r34d

Lezen

ch4lk

krijt

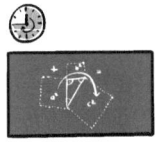

l3550n

les

r361573r

klassenboek

3x4m1n4710n

examen

c3r71f1c473

certificaat

5ch00l un1f0rm

schooluniform

3duc4710n

onderwijs

3ncycl0p3d14

encyclopedie

un1v3r517y

universiteit

m1cr05c0p3

microscoop

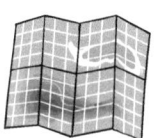

m4p

kaart

w4573-p4p3r b45k37

papiermand

7r4v3l

reis

h073l
hotel
Grand
h0573l
jeugdherberg
ROOMS
curr3ncy 3xch4n63 0ff1c3
wisselkantoor
EXCHANGE
5u17c453
koffer
c4r
auto

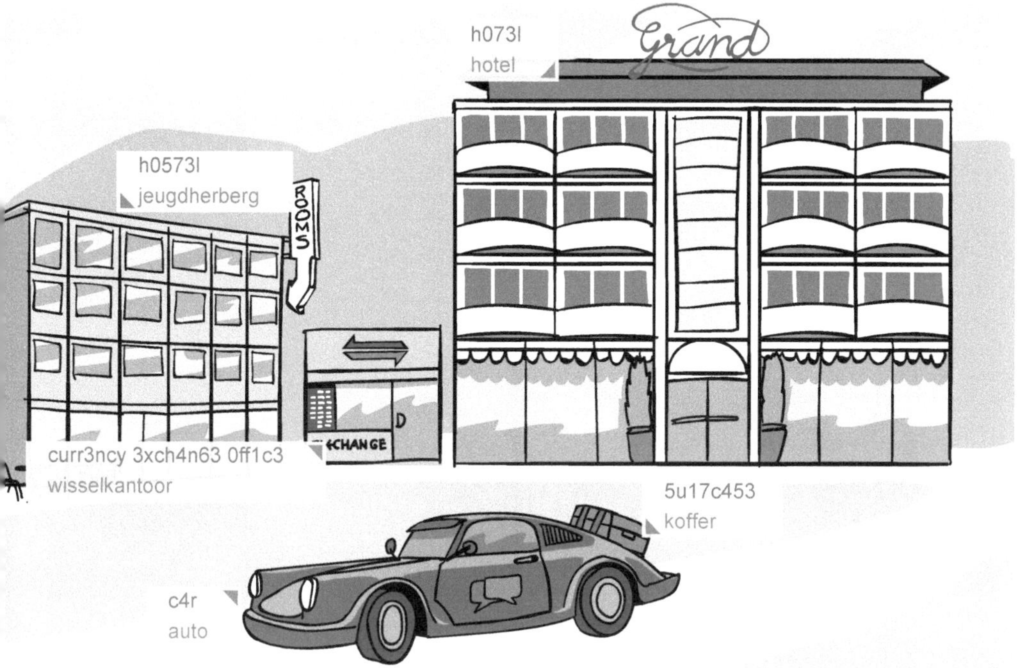

l4n6u463

Taal

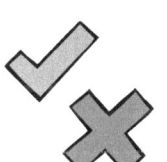

y35 / n0

ja / nee

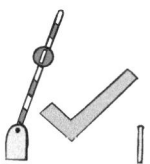

0k4y

oké

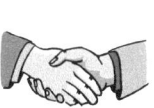

h3ll0

hallo

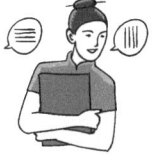

7r4n5l470r

vertaler

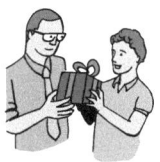

7h4nk y0u

bedankt

h0w much 15

Hoeveel kost …?

1 d0 n07 und3r574nd

Ik begrijp het niet

pr0bl3m

probleem

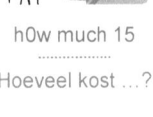

600d 3v3n1n6!

Goedenavond!

600d m0rn1n6!

Goedemorgen!

600d n16h7!

Goedenavond!

600dby3

Tot ziens

d1r3c710n

richting

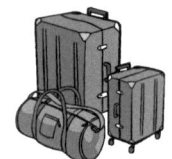

lu66463

bagage

b46

zak

b4ckp4ck

rugzak

6u357

gast

r00m

kamer

5l33p1n6 b46

slaapzak

73n7

tent

70ur157 1nf0rm4710n

toeristeninformatie

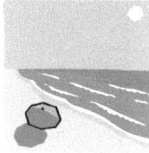

b34ch

strand

cr3d17 c4rd

kredietkaart

br34kf457

ontbijt

lunch

lunch

d1nn3r

avondeten

71ck37

ticket

3l3v470r

lift

574mp

postzegel

b0rd3r

grens

cu570m5

douane

3mb455y

ambassade

v154

visum

p455p0r7

paspoort

7r4n5p0r7
transport

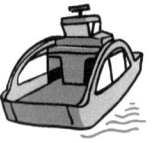

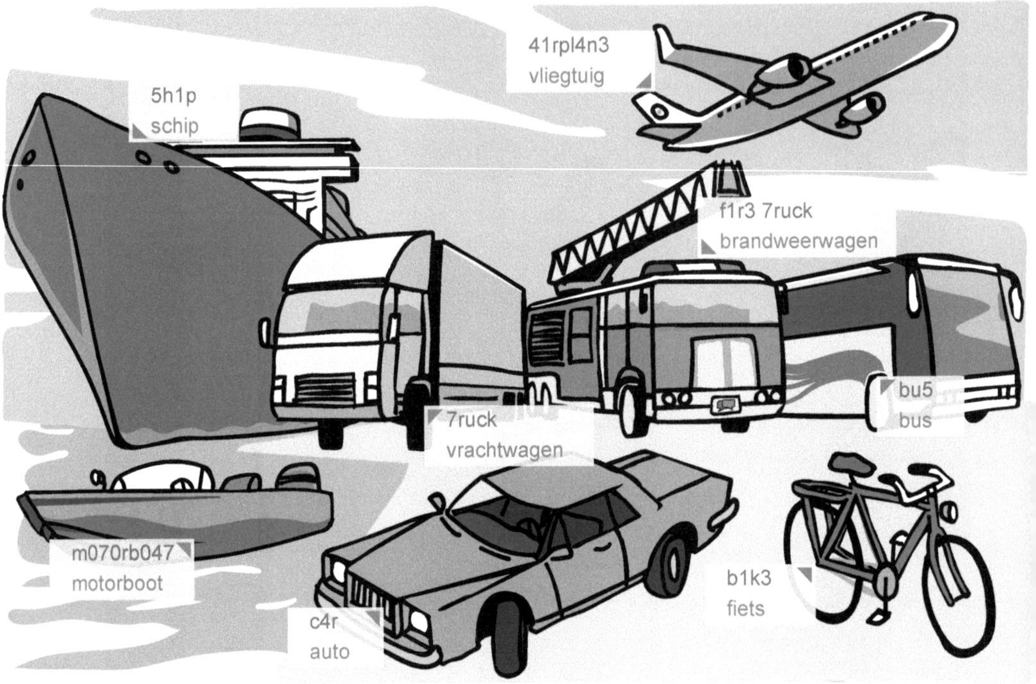
41rpl4n3
vliegtuig
5h1p
schip
f1r3 7ruck
brandweerwagen
bu5
bus
7ruck
vrachtwagen
m070rb047
motorboot
b1k3
fiets
c4r
auto

f3rry
veerboot

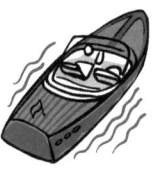

b047
boot

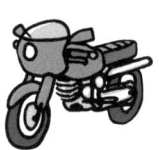

m070rb1k3
motor

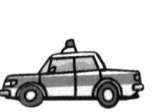

p0l1c3 c4r
politiewagen

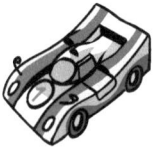

r4c1n6 c4r
racewagen

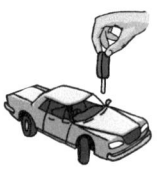

r3n74l c4r
huurauto

c4r 5h4r1n6

carpoolen

70w 7ruck

sleepwagen

64rb463 7ruck

vuilniswagen

3n61n3

motor

fu3l

benzine

fu3l 574710n

benzinestation

7r4ff1c 516n

verkeersbord

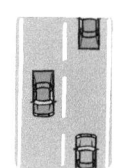

7r4ff1c

verkeer

7r4ff1c j4m

file

p4rk1n6 l07

parkeerplaats

7r41n 574710n

station

7r4ck5

sporen

7r41n

trein

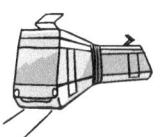

7r4m

tram

w460n

wagon

h3l1c0p73r

helikopter

41rp0r7

luchthaven

70w3r

toren

p4553n63r

passagier

c0n741n3r

container

c4r70n

karton

c4r7

kar

b45k37

mand

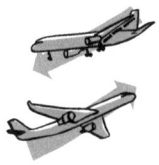

74k3 0ff / l4nd

opstijgen / landen

c17y
stad

v1ll463

dorp

c17y c3n73r

stadscentrum

h0u53

huis

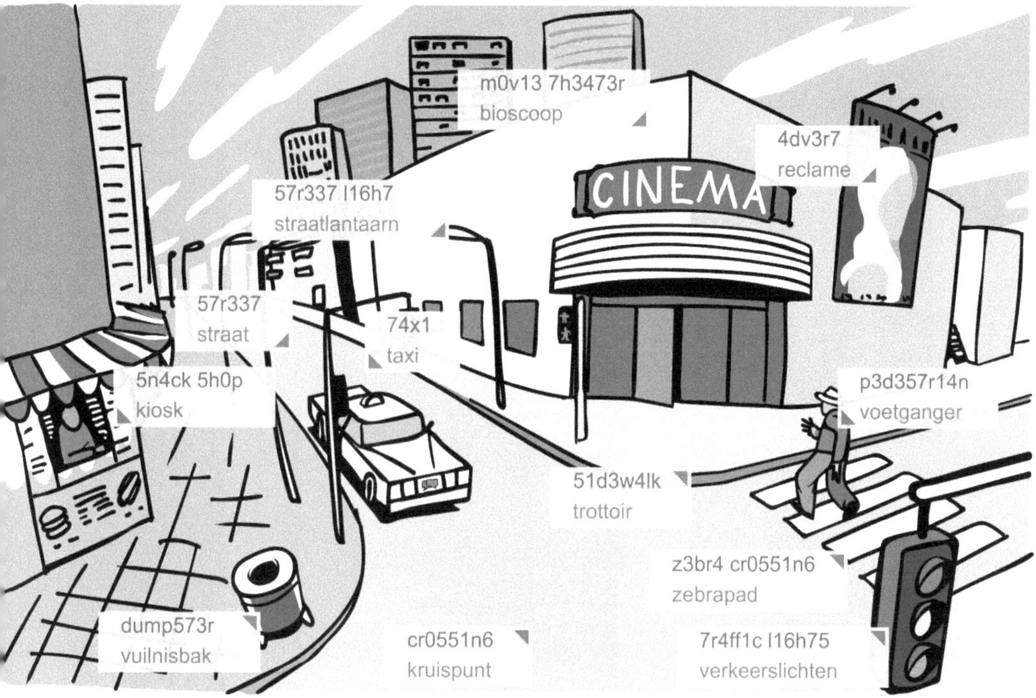

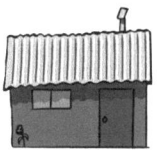

m0v13 7h3473r
bioscoop
4dv3r7
reclame
CINEMA
57r337 l16h7
straatlantaarn
57r337
straat
74x1
taxi
5n4ck 5h0p
kiosk
p3d357r14n
voetganger
51d3w4lk
trottoir
z3br4 cr0551n6
zebrapad
dump573r
vuilnisbak
cr0551n6
kruispunt
7r4ff1c l16h75
verkeerslichten

hu7

hut

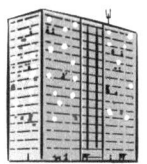

4p4r7m3n7

woning

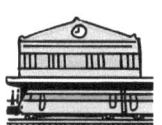

7r41n 574710n

station

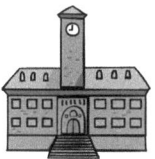

c17y h4ll

stadshuis

MUSEUM

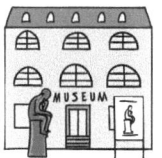

mu53um

museum

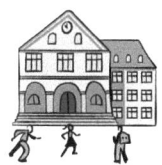

5ch00l

school

un1v3r517y

universiteit

b4nk

bank

h05p174l

ziekenhuis

h073l

hotel

ph4rm4cy

apotheek

0ff1c3

kantoor

b00k 5h0p

boekwinkel

5h0p

winkel

fl0w3r 5h0p

bloemenwinkel

5up3rm4rk37

supermarkt

m4rk37

markt

d3p4r7m3n7 570r3

warenhuis

f15hm0n63r'5 5h0p

vishandelaar

m4ll

winkelcentrum

h4rb0r

haven

p4rk

park

b3nch

bank

br1d63

brug

5741r5

trap

5ubw4y

metro

7unn3l

tunnel

bu5 570p

bushalte

b4r

bar

r3574ur4n7

restaurant

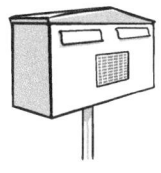

p057b0x

brievenbus

57r337 516n

straatnaambord

p4rk1n6 m373r

parkeermeter

z00

zoo

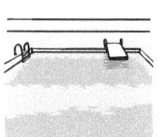

5w1mm1n6 p00l

zwembad

m05qu3

moskee

f4rm

boerderij

p0llu710n

milieuverontreiniging

c3m373ry

kerkhof

church

kerk

pl4y6r0und

speelplaats

73mpl3

tempel

l4nd5c4p3

landschap

l34f
blad

516np057
wegwijzer

p47h
weg

m34d0w
weide

570n3
steen

7r33
boom

h1k3r
wandelaar

r1v3r
rivier

6r455
gras

fl0w3r
bloem

v4ll3y	h1ll	l4k3
vallei	heuvel	meer
	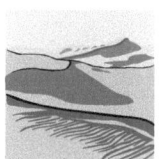	
f0r357	d353r7	v0lc4n0
bos	woestijn	vulkaan

c457l3	r41nb0w	mu5hr00m
kasteel	regenboog	paddenstoel

p4lm 7r33	m05qu170	fly
palmboom	mug	vlieg

4n7	b33	5p1d3r
mier	bijl	spin

b337l3

kever

fr06

kikker

5qu1rr3l

eekhoorn

h3d63h06

egel

h4r3

haas

0wl

uil

b1rd

vogel

5w4n

zwaan

b04r

wild zwijn

d33r

hert

m0053

eland

d4m

dam

w1nd 7urb1n3

windturbine

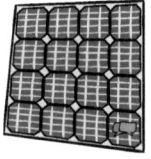

50l4r p4n3l

zonnepaneel

cl1m473

klimaat

r3574ur4n7
restaurant

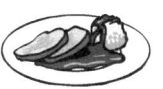

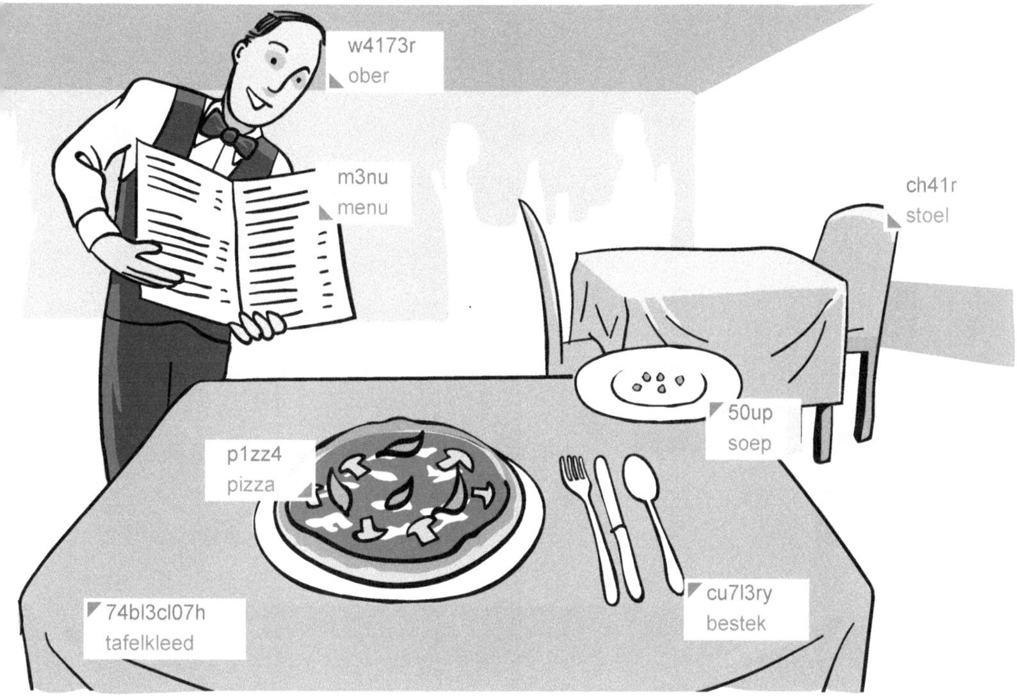

w4173r
ober
m3nu
menu
ch41r
stoel
50up
soep
p1zz4
pizza
cu7l3ry
bestek
74bl3cl07h
tafelkleed

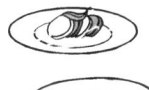

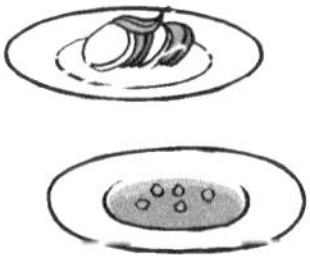

574r73r
....
voorgerecht

m41n c0ur53
....
hoofdgerecht

d3553r7
....
nagerecht

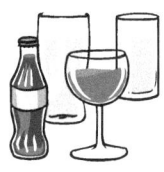

dr1nk5
....
drankjes

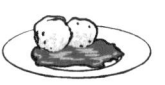

f00d
....
eten

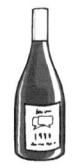

b077l3
....
fles

f457 f00d

fastfood

57r337 f00d

street food

734p07

theepot

5u64r b0wl

suikerpot

p0r710n

portie

35pr3550 m4ch1n3

espressomachine

h16h ch41r

kinderstoel

b1ll

rekening

7r4y

dienblad

kn1f3

mes

f0rk

vork

5p00n

lepel

7345p00n

theelepel

53rv13773

serviette

6l455

glas

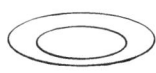

pl473

bord

50up pl473

soepbord

54uc3r

schoteltje

54uc3

saus

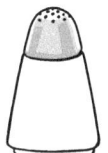

54l7 5h4k3r

zoutvatje

p3pp3r m1ll

pepermolen

v1n364r

azijn

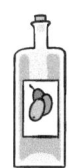

01l

olie

5p1c35

kruiden

k37chup

ketchup

mu574rd

mosterd

m4y0nn4153

mayonaise

5up3rm4rk37
supermarkt

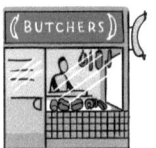

5p3c14l 0ff3r
aanbieding
cu570m3r
klant
FOR
d41ry pr0duc75
zuivelproducten
fru17
fruit
5h0pp1n6 c4r7
winkelwagen

BUTCHERS

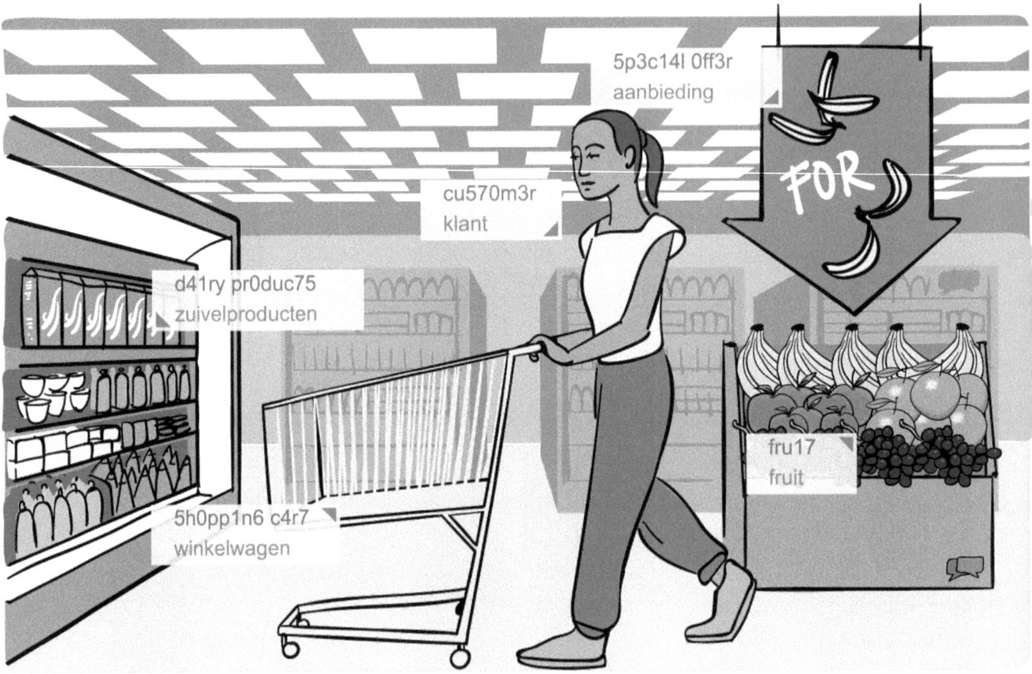

bu7ch3r'5 5h0p

slagerij

BAKERY

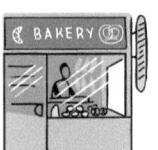

b4k3ry

bakkerij

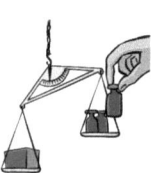

w316h

wegen

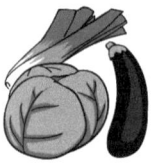

v36374bl35

groenten

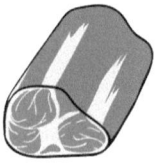

m347

vlees

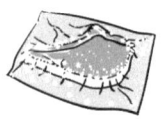

fr0z3n f00d

diepvriesvoedsel

c0ld cu75

charcuterie

c4nn3d f00d

conserven

d373r63n7

waspoeder

c4ndy

snoep

h0u53h0ld pr0duc75

huishoudproducten

cl34n1n6 pr0duc75

schoonmaakproducten

54l35 r3pr353n7471v3

verkoopster

c45h r361573r

kassa

c45h13r

kassier

5h0pp1n6 l157

boodschappenlijstje

0p3n1n6 h0ur5

openingstijden

w4ll37

portefeuille

cr3d17 c4rd

kredietkaart

b46

tas

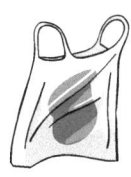

pl4571c b46

plastieken zakje

w473r

water

ju1c3

sap

m1lk

melk

c0k3

cola

w1n3

wijn

b33r

bier

4lc0h0l

alcohol

c0c04

cacao

734

thee

c0ff33

koffie

35pr3550

espresso

c4ppucc1n0

cappuccino

b4n4n4

banaan

4ppl3

appel

0r4n63

sinaasappel

m3l0n

meloen

l3m0n

citroen

c4rr07

wortel

64rl1c

knoflook

b4mb00

bamboe

0n10n

ajuin

mu5hr00m

champignon

nu75

noten

n00dl35

noodles

5p46h3771

spaghetti

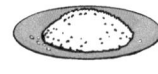

r1c3

rijst

54l4d

salade

fr135

frieten

fr13d p0747035

gebakken aardappelen

p1zz4

pizza

h4mbur63r

hamburger

54ndw1ch

sandwich

35c4l0p3

kalfslapje

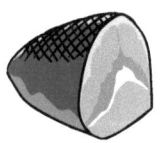

h4m

ham

54l4m1

salami

54u5463

worst

ch1ck3n

kip

r0457

braden

f15h

vis

p0rr1d63 0475

havervlokken

mu35l1

muesli

c0rnfl4k35

cornflakes

fl0ur

bloem

cr01554n7

croissant

br34d r0ll

pistolet

br34d

brood

70457

toast

c00k135

koekjes

bu773r

boter

curd

kwark

c4k3

taart

366

ei

fr13d 366

spiegelei

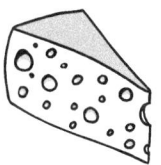

ch3353

kaas

1c3 cr34m

ijs

5u64r

suiker

h0n3y

honing

j3lly

confituur

n0u647 cr34m

choco

curry

curry

f4rm

boerderij

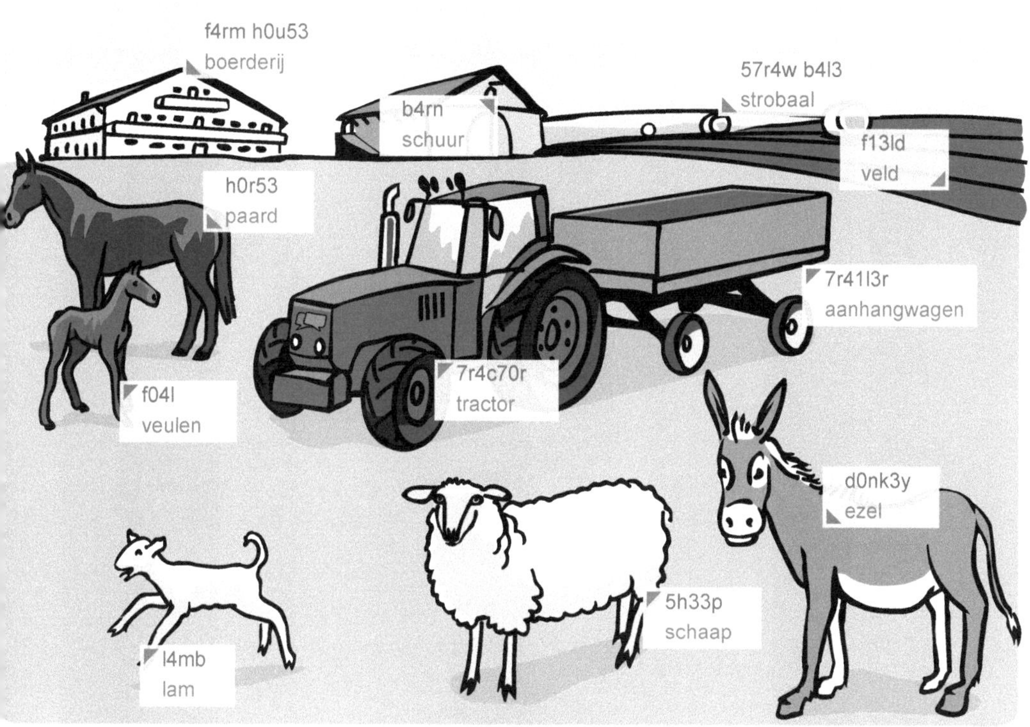

f4rm h0u53
boerderij
b4rn
schuur
57r4w b4l3
strobaal
f13ld
veld
h0r53
paard
7r41l3r
aanhangwagen
7r4c70r
tractor
f04l
veulen
d0nk3y
ezel
5h33p
schaap
l4mb
lam

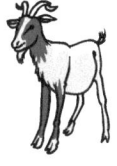

6047
geit

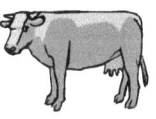

c0w
koe

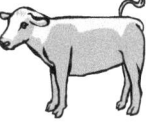

c4lf
kalf

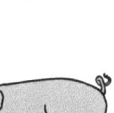

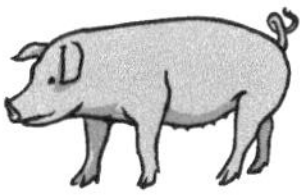
p16
varken

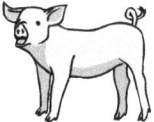

p16l37
biggetje

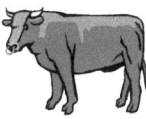

bull
stier

60053

gans

duck

eend

ch1ck

kuiken

h3n

kip

c0ck3r3l

haan

r47

rat

c47

kat

m0u53

muis

0x

os

d06

hond

d06 h0u53

hondenhok

64rd3n h053

tuinslang

w473r1n6 c4n

gieter

5cy7h3

zeis

pl0u6h

ploeg

51ckl3

sikkel

h03

schoffel

p17chf0rk

hooivork

4x3

bijl

pu5hc4r7

kruiwagen

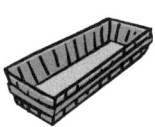

7r0u6h

trog

m1lk c4n

melkkan

54ck

zak

f3nc3

hek

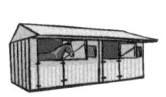

574hl3

stal

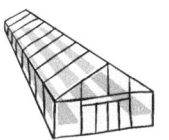

6r33nh0u53

broeikas

50ll

bodem

533d

zaad

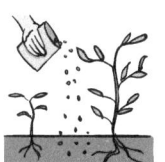

f3r71l1z3r

mest

c0mb1n3 h4rv3573r

maaidorser

h4rv357

oogsten

h4rv357

oogst

y4m5

yam

wh347

tarwe

50y4

soja

p07470

aardappel

c0rn

maïs

r4p3533d

koolzaad

fru17 7r33

fruitboom

m4n10c

maniok

6r41n

graan

h0u53
huis

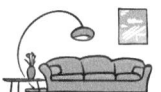

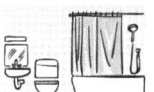

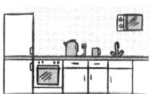

ch1mn3y
schoorsteen
r00f
dak
d0wn5p0u7
regenpijp
w1nd0w
raam
64r463
garage
d00rb3ll
deurbel
d00r
deur
7r45h c4n
vuilnisbak
m41lb0x
brievenbus
64rd3n
tuin

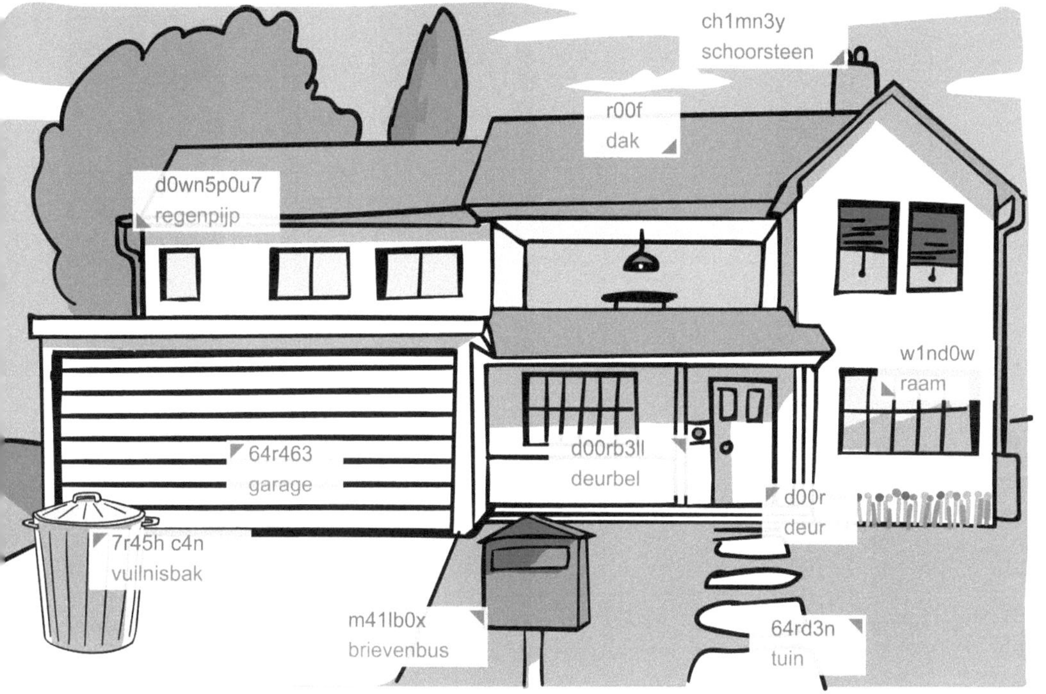

l1v1n6 r00m

woonkamer

b47hr00m

badkamer

k17ch3n

keuken

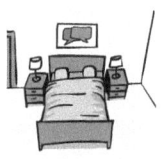

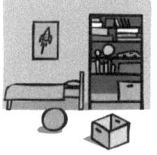

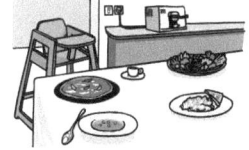

b3dr00m

slaapkamer

ch1ld'5 r00m

kinderkamer

d1n1n6 r00m

eetkamer

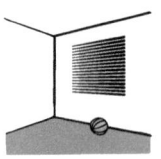

fl00r

vloer

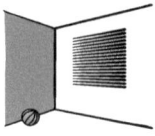

w4ll

muur

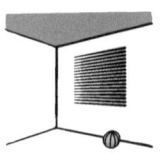

c31l1n6

plafond

c3ll4r

kelder

54un4

sauna

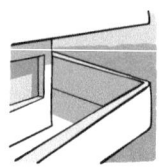

b4lc0ny

balkon

73rr4c3

terras

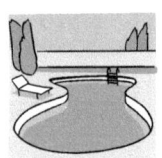

p00l

zwembad

l4wn m0w3r

grasmaaier

5h337

dekbedovertrek

b3d5pr34d

dekbed

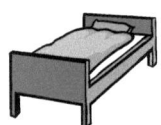

b3d

bed

br00m

bezem

buck37

emmer

5w17ch

schakelaar

l1v1n6 r00m
woonkamer

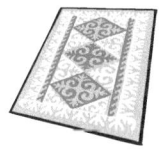

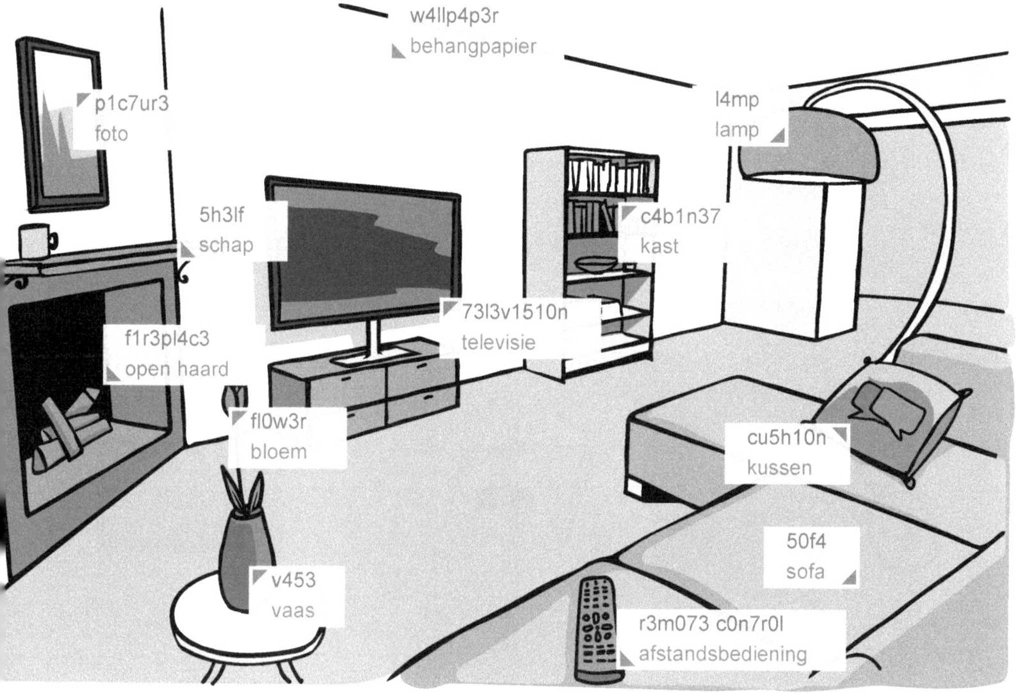
w4llp4p3r
behangpapier
p1c7ur3
foto
l4mp
lamp
5h3lf
schap
c4b1n37
kast
73l3v1510n
televisie
f1r3pl4c3
open haard
fl0w3r
bloem
cu5h10n
kussen
50f4
sofa
v453
vaas
r3m073 c0n7r0l
afstandsbediening

c4rp37

mat

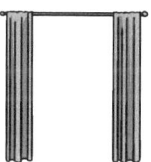

dr4p3

gordijn

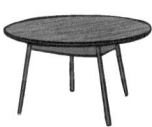

74bl3

tafel

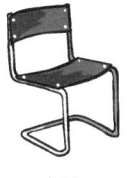

ch41r

stoel

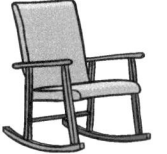

r0ck1n6 ch41r

schommelstoel

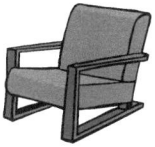

4rmch41r

fauteuil

b00k

boek

bl4nk37

deken

d3c0r4710n

decoratie

f1r3w00d

brandhout

f1lm

film

573r30 5y573m

stereo-installatie

k3y

sleutel

n3w5p4p3r

krant

p41n71n6

schilderij

p0573r

poster

r4d10

radio

n073b00k

notitieboekje

v4cuum cl34n3r

stofzuiger

c4c7u5

cactus

c4ndl3

kaars

k17ch3n
keuken

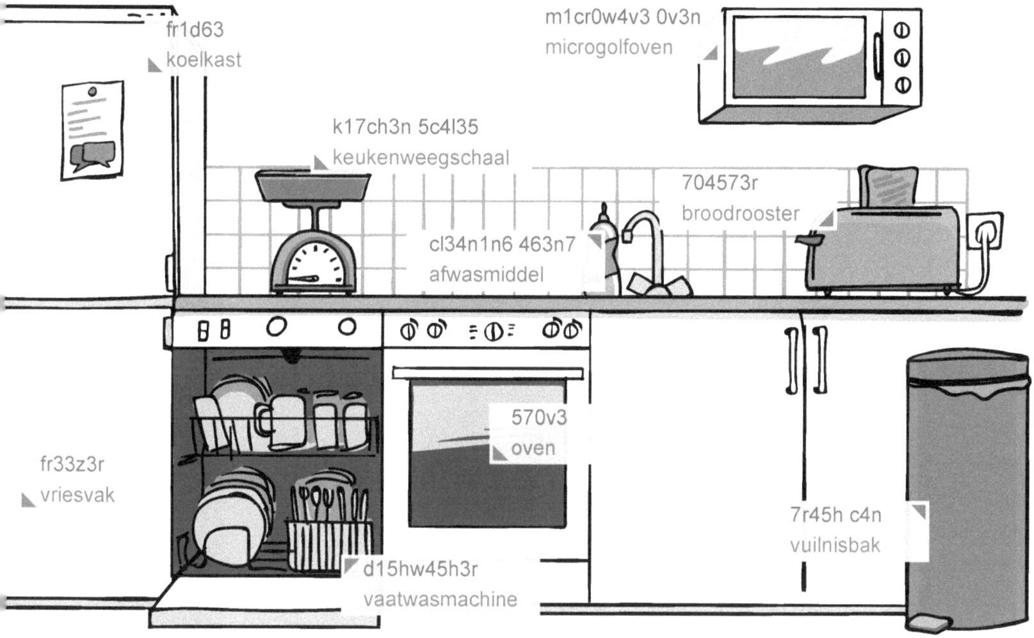
fr1d63
koelkast
m1cr0w4v3 0v3n
microgolfoven
k17ch3n 5c4l35
keukenweegschaal
704573r
broodrooster
cl34n1n6 463n7
afwasmiddel
570v3
oven
fr33z3r
vriesvak
7r45h c4n
vuilnisbak
d15hw45h3r
vaatwasmachine

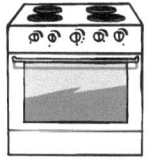

c00k3r
fornuis

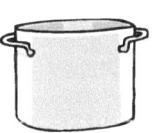

p07
pot

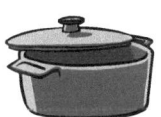

c457-1r0n p07
gietijzeren pot

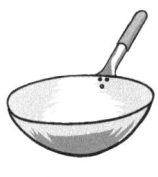

w0k / k4d41
wok / kadai

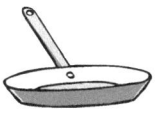

p4n
pan

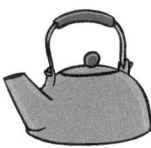

k377l3
waterkoker

5734m3r

stoomkoker

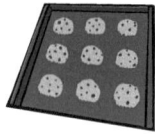

b4k1n6 7r4y

bakplaat

cr0ck3ry

servies

mu6

mok

b0wl

kom

ch0p571ck5

eetstokjes

l4dl3

pollepel

5p47ul4

spatel

wh15k

garde

57r41n3r

vergiet

513v3

zeef

6r473r

rasp

m0r74r

mortier

b4rb3cu3

barbecue

f1r3pl4c3

haardvuur

ch0pp1n6 b04rd

snijplank

r0ll1n6 p1n

deegrol

c0rk5cr3w

kurkentrekker

c4n

blik

c4n 0p3n3r

blikopener

0v3n cl07h

pannenlap

51nk

gootsteen

bru5h

borstel

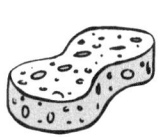

5p0n63

spons

bl3nd3r

blender

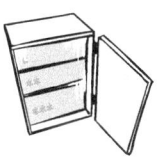

d33p fr33z3r

vriezer

b4by b077l3

papfles

74p

kraan

b47hr00m
badkamer

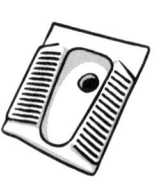

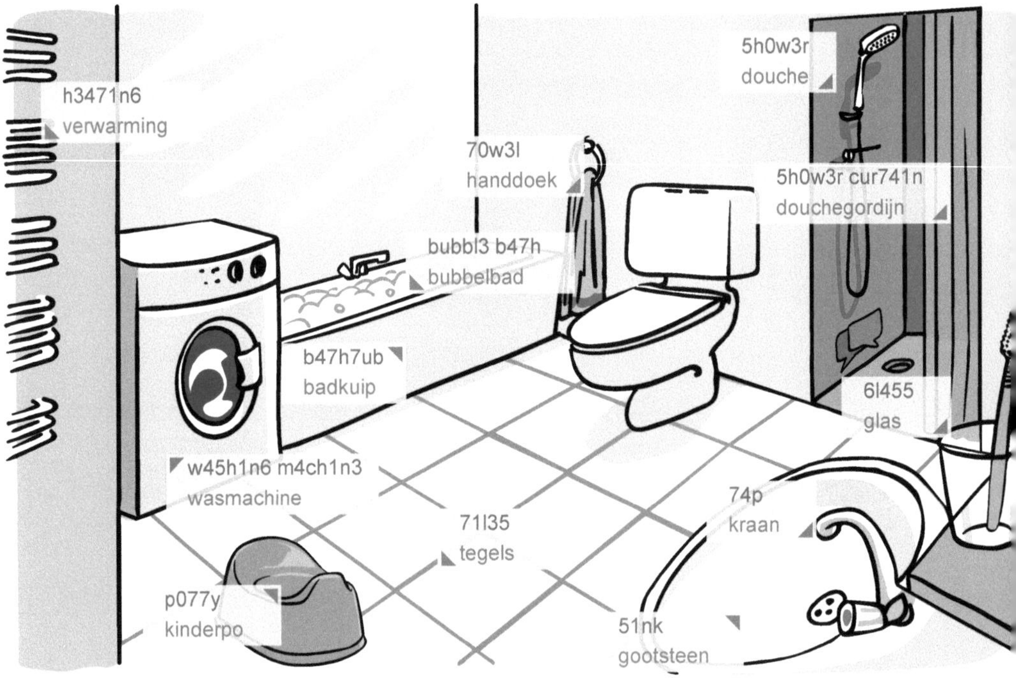

h3471n6
verwarming
70w3l
handdoek
5h0w3r
douche
5h0w3r cur741n
douchegordijn
bubbl3 b47h
bubbelbad
b47h7ub
badkuip
61455
glas
w45h1n6 m4ch1n3
wasmachine
74p
kraan
71l35
tegels
p077y
kinderpo
51nk
gootsteen

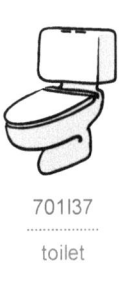

701l37

toilet

5qu47 701l37

hurktoilet

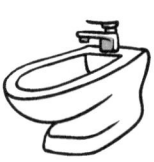

b1d37

bidet

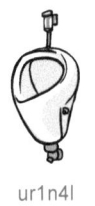

ur1n4l

urinoir

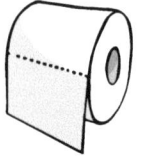

701l37 p4p3r

toiletpapier

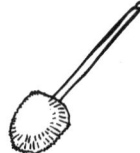

701l37 bru5h

toiletborstel

7007hbru5h

tandenborstel

7007hp4573

tandpasta

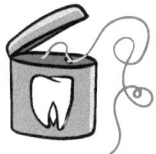

d3n74l fl055

flosdraad

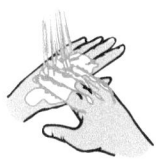

w45h

wassen

h4nd 5h0w3r

handdouche

d0uch3

bidethanddouche

b451n

waskom

b4ck bru5h

rugborstel

504p

zeep

5h0w3r 63l

douchegel

5h4mp00

shampoo

fl4nn3l

washandje

dr41n

afvoer

cr3m3

crème

d30d0r4n7

deodorant

m1rr0r

spiegel

h4nd m1rr0r

handspiegel

r4z0r

scheermes

5h4v1n6 f04m

scheerschuim

4f73r5h4v3

aftershave

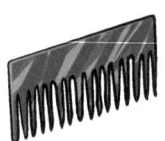

c0mb

kam

bru5h

borstel

h41r-dry3r

haardroger

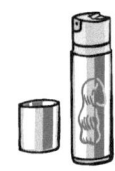

h41r5pr4y

haarlak

m4k3up

make-up

l1p571ck

lippenstift

n41l v4rn15h

nagellak

c0770n w00l

watten

n41l 5c1550r5

nagelknipper

p3rfum3

parfum

w45hb46

toilettas

5700l

kruk

w316h1n6 5c4l35

weegschaal

b47hr0b3

badjas

rubb3r 6l0v35

latex handschoenen

74mp0n

tampon

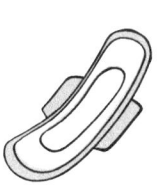

54n174ry 70w3l

maandverband

ch3m1c4l 701l37

chemisch toilet

ch1ld'5 r00m
kinderkamer

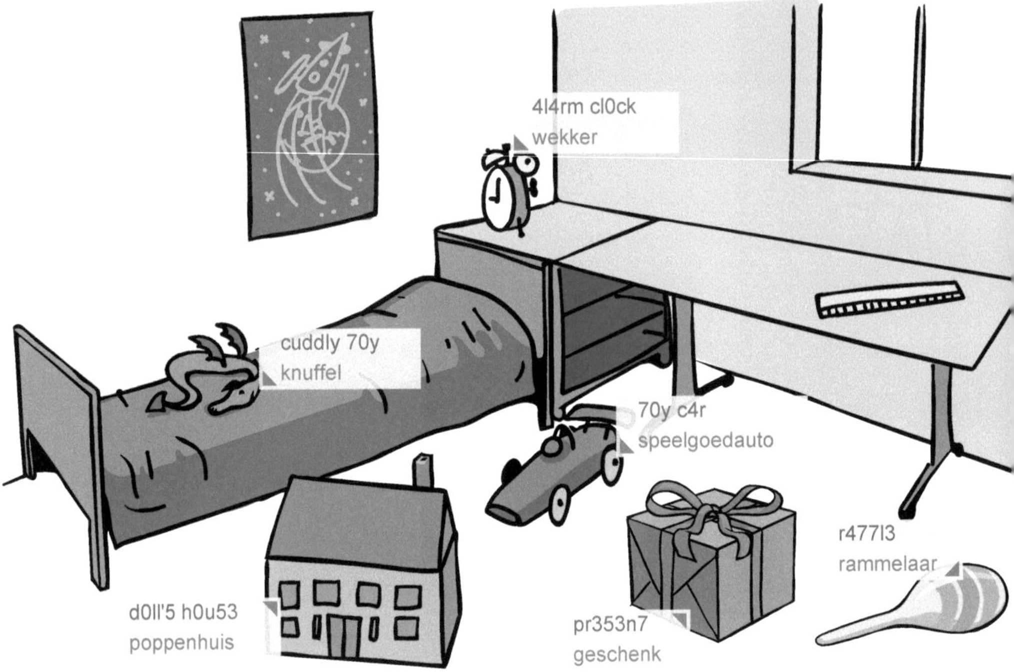

4l4rm cl0ck
wekker

cuddly 70y
knuffel

70y c4r
speelgoedauto

r477l3
rammelaar

d0ll'5 h0u53
poppenhuis

pr353n7
geschenk

b4ll00n

ballon

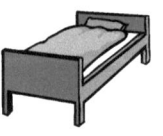

b3d

bed

57r0ll3r

kinderwagen

d3ck 0f c4rd5

spel kaarten

j1654w

puzzel

c0m1c

stripboek

l360 br1ck5

legoblokjes

70y bl0ck5

blokken

4c710n f16ur3

actiefiguur

r0mp3r 5u17

kruippakje

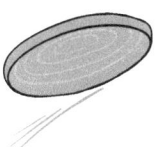

fr15b33

frisbee

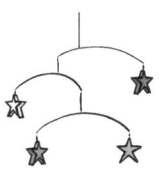

m0b1l3

mobiel

b04rd 64m3

bordspel

d1c3

dobbelsteen

m0d3l 7r41n 537

modelspoorweg

dummy

fopspeen

p4r7y

feest

p1c/ur3 b00k

prentenboek

b4ll

bal

d0ll

pop

pl4y

spelen

54ndp17

zandbak

5w1n6

schommel

70y

speelgoed

v1d30 64m3 c0n50l3

spelconsole

7r1cycl3

driewieler

73ddy b34r

knuffelbeer

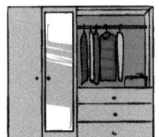

w4rdr0b3

kleerkast

cl07h1n6

kleding

50ck5

sokken

570ck1n65

kousen

716h75

maillot

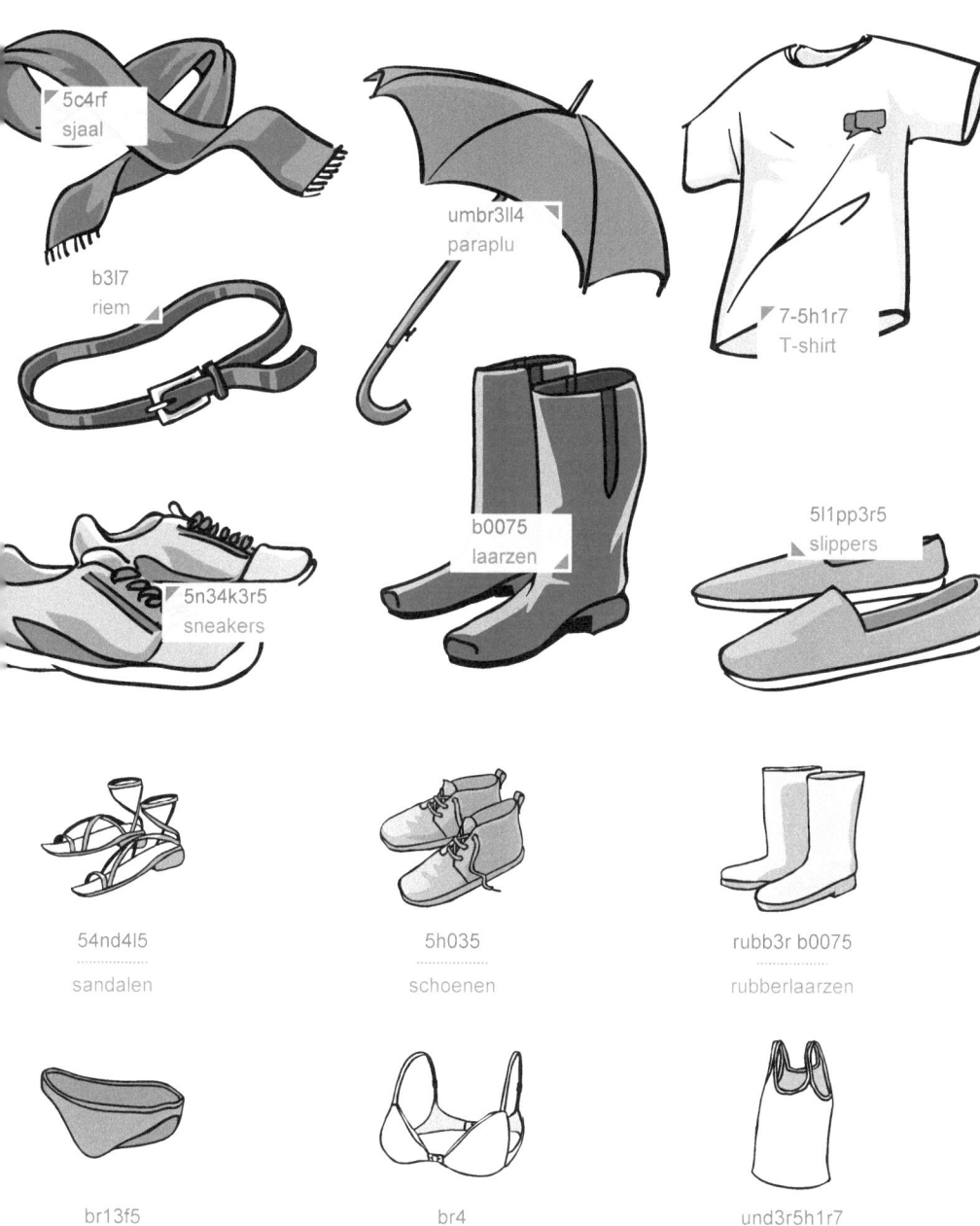

5c4rf
sjaal

b3l7
riem

umbr3ll4
paraplu

7-5h1r7
T-shirt

5n34k3r5
sneakers

b0075
laarzen

5l1pp3r5
slippers

54nd4l5
sandalen

5h035
schoenen

rubb3r b0075
rubberlaarzen

br13f5
onderbroek

br4
beha

und3r5h1r7
onderhemd

b0dy

lichaam

p4n75

broek

j34n5

jeans

5k1r7

rok

bl0u53

blouse

5h1r7

hemd

pull0v3r

trui

5w3473r

capuchontrui

bl4z3r

blazer

j4ck37

jas

c047

jas

r41nc047

regenjas

c057um3

kostuum

dr355

jurk

w3dd1n6 dr355

trouwjurk

5u17

pak

n16h760wn

nachthemd

p4j4m45

pyjama

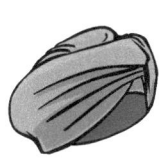

54r1

sari

h34d5c4rf

hoofddoek

7urb4n

tulband

burk4

boerka

k4f74n

kaftan

4b4y4

abaya

5w1m5u17

badpak

7runk5

zwembroek

5h0r75

short

7r4ck5u17

trainingspak

4pr0n

schort

6l0v35

handschoenen

bu770n

knoop

6l45535

bril

br4c3l37

armband

n3ckl4c3

ketting

r1n6

ring

34rr1n6

oorbel

c4p

pet

c047 h4n63r

kapstok

h47

hoed

713

das

z1p

rits

h3lm37

helm

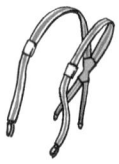

br4c35

bretellen

5ch00l un1f0rm

schooluniform

un1f0rm

uniform

b1b

slabbetje

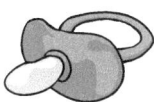

dummy

fopspeen

d14p3r

luier

0ff1c3

kantoor

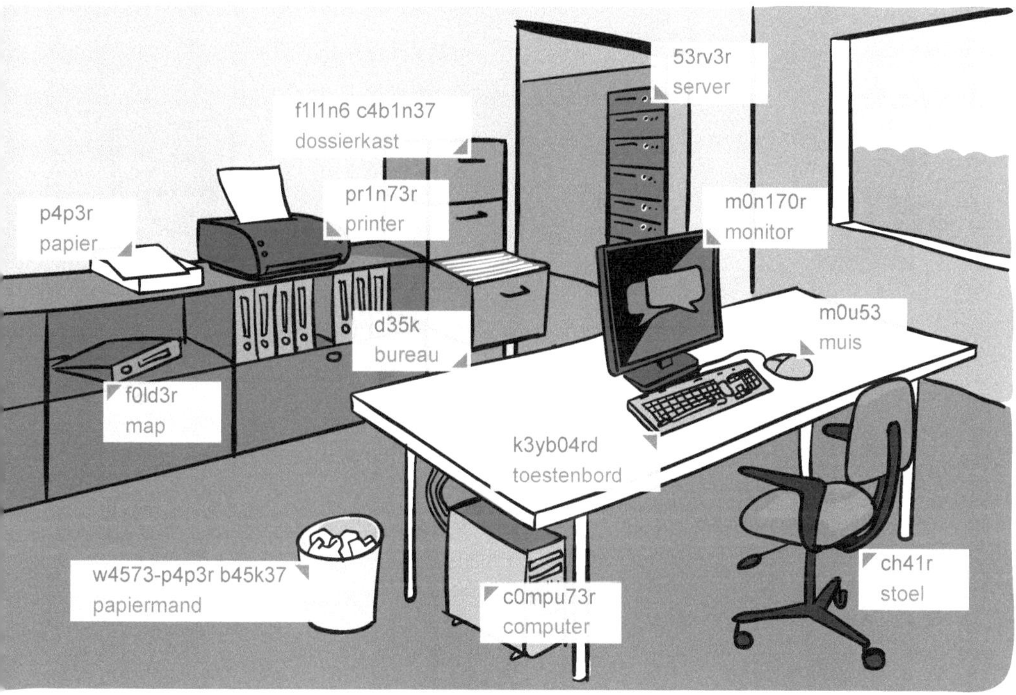

53rv3r
server

f1l1n6 c4b1n37
dossierkast

pr1n73r
printer

m0n170r
monitor

p4p3r
papier

m0u53
muis

d35k
bureau

f0ld3r
map

k3yb04rd
toestenbord

w4573-p4p3r b45k37
papiermand

c0mpu73r
computer

ch41r
stoel

c0ff33 mu6

koffiemok

c4lcul470r

rekenmachine

1n73rn37

internet

0ff1c3 - kantoor

49

l4p70p

laptop

l3773r

brief

m355463

bericht

c3ll ph0n3

gsm

n37w0rk

netwerk

ph070c0p13r

kopieerapparaat

50f7w4r3

software

73l3ph0n3

telefoon

plu6 50ck37

stopcontact

f4x m4ch1n3

fax

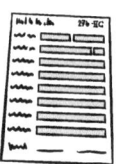

f0rm

formulier

d0cum3n7

document

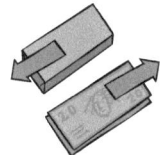

buy

kopen

p4y

betalen

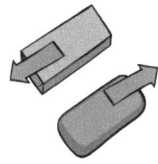

7r4d3

handelen

m0n3y

geld

d0ll4r

dollar

3ur0

euro

y3n

yen

r0ubl3

roebel

5w155 fr4nc

Zwitserse frank

r3nm1nb1 yu4n

Chinese renminbi

rup33

roepie

c45h p01n7

geldautomaat

curr3ncy 3xch4n63 0ff1c3

wisselkantoor

60ld

goud

51lv3r

zilver

01l

olie

3n3r6y

energie

pr1c3

prijs

c0n7r4c7

contract

74x

belasting

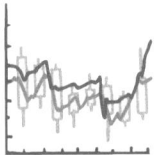

570ck

aandeel

w0rk

werken

3mpl0y33

werknemer

3mpl0y3r

werkgever

f4c70ry

fabriek

5h0p

winkel

0ccup4710n5

beroepen

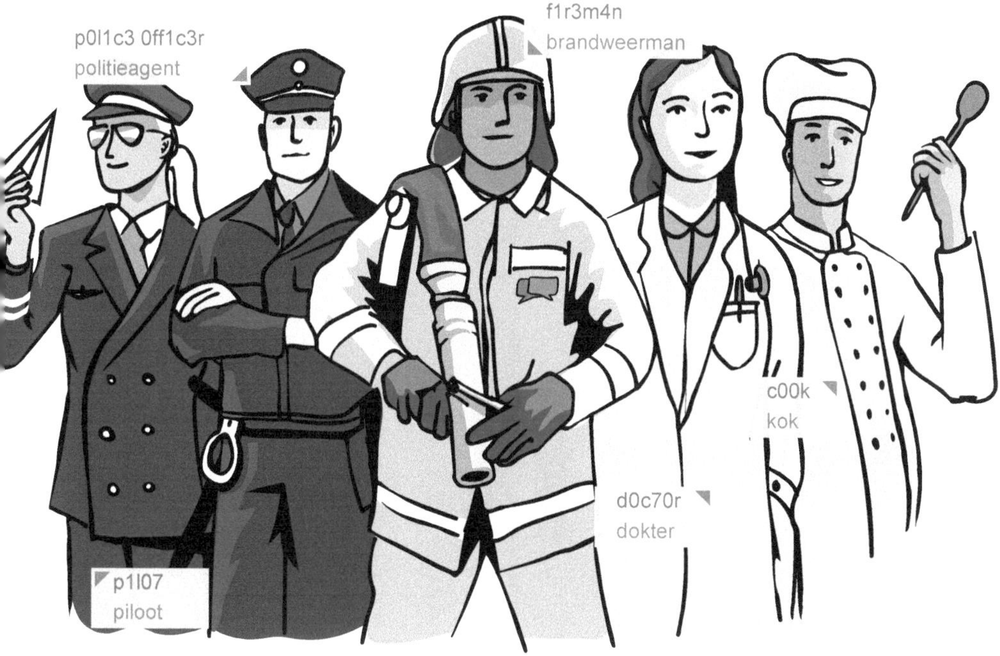

p0l1c3 0ff1c3r
politieagent
f1r3m4n
brandweerman
c00k
kok
d0c70r
dokter
p1l07
piloot

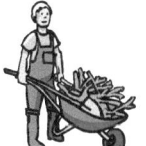

64rd3n3r

tuinman

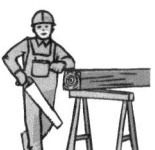

c4rp3n73r

timmerman

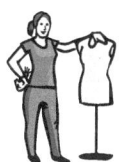

534m57r355

naaister

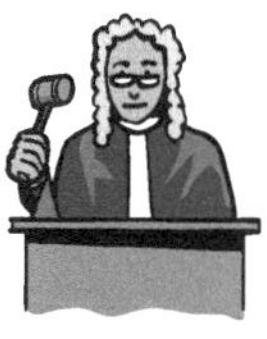

jud63

rechter

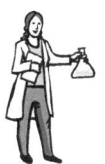

ch3m157

chemicus

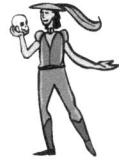

4c70r

acteur

bu5 dr1v3r

buschauffeur

74x1 dr1v3r

taxichauffeur

f15h3rm4n

visser

cl34n1n6 l4dy

schoonmaakster

r00f3r

dakdekker

w4173r

ober

hun73r

jager

p41n73r

schilder

b4k3r

bakker

3l3c7r1c14n

elektricien

bu1ld3r

bouwvakker

3n61n33r

ingenieur

bu7ch3r

slager

plumb3r

loodgieter

p057m4n

postbode

50ld13r

soldaat

4rch173c7

architect

c45h13r

kassier

fl0r157

bloemist

h41rdr3553r

kapper

c0nduc70r

conducteur

m3ch4n1c

mecanicien

c4p741n

kapitein

d3n7157

tandarts

5c13n7157

wetenschapper

r4bb1

rabbijn

1m4m

imam

m0nk

monnik

p4570r

geestelijke

700l5
werktuigen

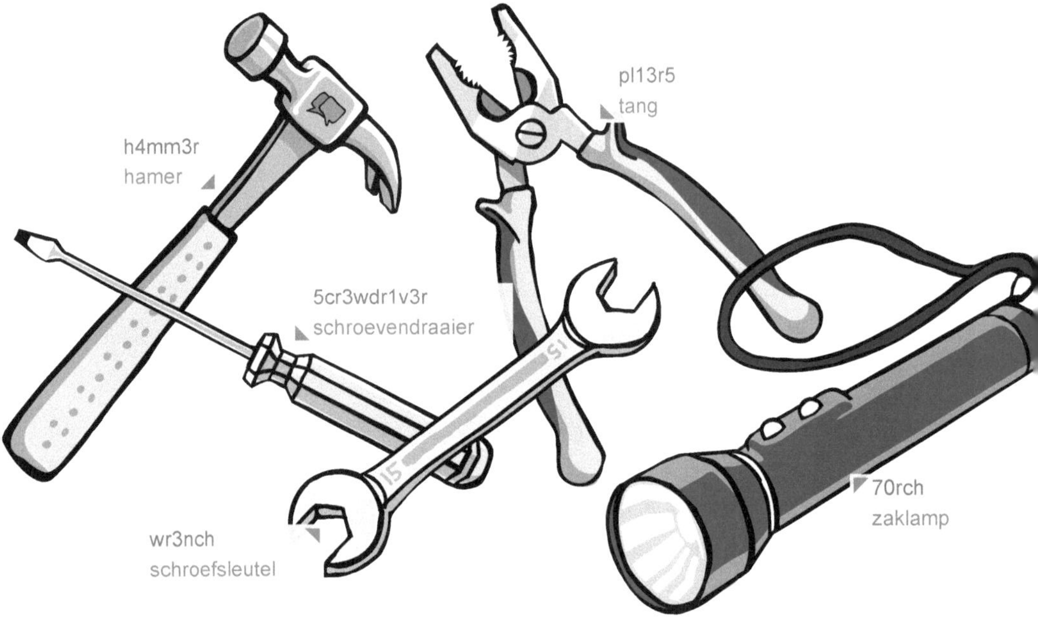
h4mm3r
hamer
pl13r5
tang
5cr3wdr1v3r
schroevendraaier
wr3nch
schroefsleutel
70rch
zaklamp

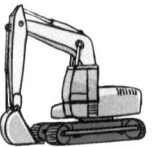

3xc4v470r
graafmachine

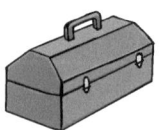

700lb0x
gereedschapskoffer

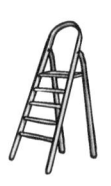

l4dd3r
ladder

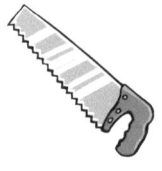

54w
zaag

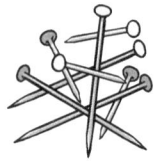

n41l5
spijkers

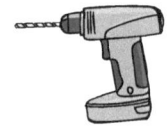

dr1ll
boormachine

r3p41r

repareren

5h0v3l

schop

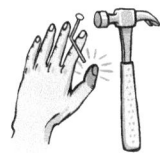

d4mn!

Verdomme!

du57p4n

blik

p41n7 c4n

verfpot

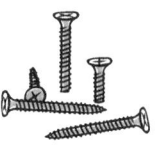

5cr3w5

schroeven

mu51c4l 1n57rum3n75

muziekinstrumenten

l0ud 5p34k3r
luidspreker

drum 537
drumstel

6u174r
gitaar

d0ubl3 b455
contrabas

7rump37
trompet

p14n0

piano

v10l1n

viool

b455

basgitaar

71mp4n1

pauk

drum5

trommels

k3yb04rd

keyboard

54x0ph0n3

saxofoon

flu73

fluit

m1cr0ph0n3

microfoon

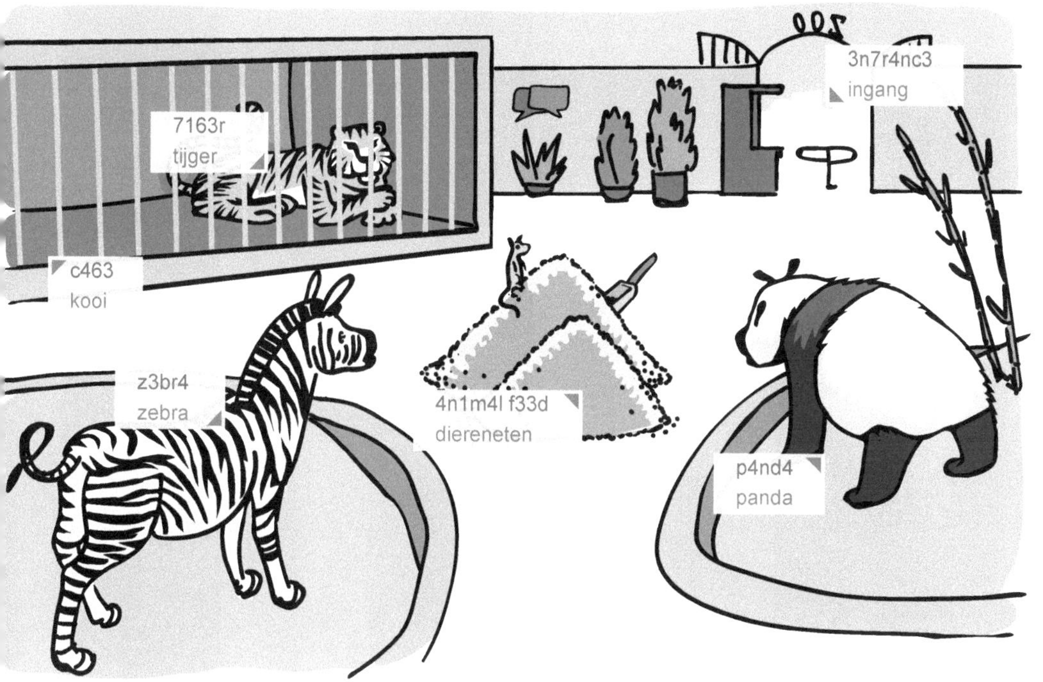

3n7r4nc3
ingang

7163r
tijger

c463
kooi

z3br4
zebra

4n1m4l f33d
diereneten

p4nd4
panda

4n1m4l5

dieren

3l3ph4n7

olifant

k4n64r00

kangoeroe

rh1n0

neushoorn

60r1ll4

gorilla

b34r

beer

c4m3l

kameel

057r1ch

struisvogel

l10n

leeuw

m0nk3y

aap

fl4m1n60

flamingo

p4rr07

papegaai

p0l4r b34r

ijsbeer

p3n6u1n

pinguïn

5h4rk

haai

p34c0ck

pauw

5n4k3

slang

cr0c0d1l3

krokodil

z00k33p3r

dierenverzorger

5341

zeehond

j46u4r

jaguar

p0ny

pony

l30p4rd

luipaard

h1pp0

nijlpaard

61r4ff3

giraffe

346l3

adelaar

b04r

wild zwijn

f15h

vis

7ur7l3

zeeschildpad

w4lru5

walrus

f0x

vos

64∠3ll3

gazelle

5p0r75

sporten

4m3r1c4n f007b4ll
rugby

cycl1n6
wielrennen

73nn15
tennis

b45k37b4ll
basketbal

5w1mm1n6
zwemmen

b0x1n6
boksen

1c3 h0ck3y
ijshockey

50cc3r
voetbal

b4dm1n70n
badminton

47hl371c5
atletiek

h4ndb4ll
handbal

5k11n6
skiën

p0l0
polo

jump
springen

hu6
knuffelen

l4u6h
lachen

w4lk
wandelen

51n6
zingen

dr34m
dromen

pr4y
bidden

k155
kussen

wr173
schrijven

dr4w
tekenen

5h0w
tonen

pu5h
duwen

61v3
geven

74k3
nemen

h4v3

hebben

d0

doen

b3

zijn

574nd

staan

run

lopen

pull

trekken

7hr0w

gooien

f4ll

vallen

l13

liggen

w417

wachten

c4rry

dragen

517

zitten

637 dr3553d

aankleden

5l33p

slapen

w4k3 up

ontwaken

	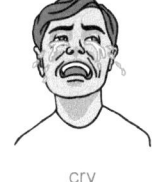	
l00k 47	cry	57r0k3
kijken naar	wenen	aaien

c0mb	74lk	und3r574nd
kammen	praten	begrijpen

45k	l1573n	dr1nk
vragen	luisteren	drinken

347	71dy up	l0v3
eten	opruimen	houden van

c00k	dr1v3	fly
koken	rijden	vliegen

541l	c4lcul473	r34d
zeilen	rekenen	Lezen

l34rn	w0rk	m4rry
leren	werken	trouwen
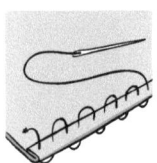	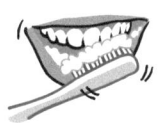	
53w	bru5h 7337h	k1ll
naaien	tandenpoetsen	doden
	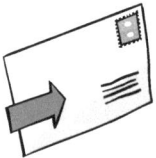	
5m0k3	53nd	
roken	sturen	

6r4ndm07h3r
grootmoeder

6r4ndf47h3r
grootvader

f47h3r
vader

m07h3r
moeder

b4by
baby

d4u6h73r
dochter

50n
zoon

6u357

gast

4un7

tante

uncl3

oom

br07h3r

broer

51573r

zus

b0dy

lichaam

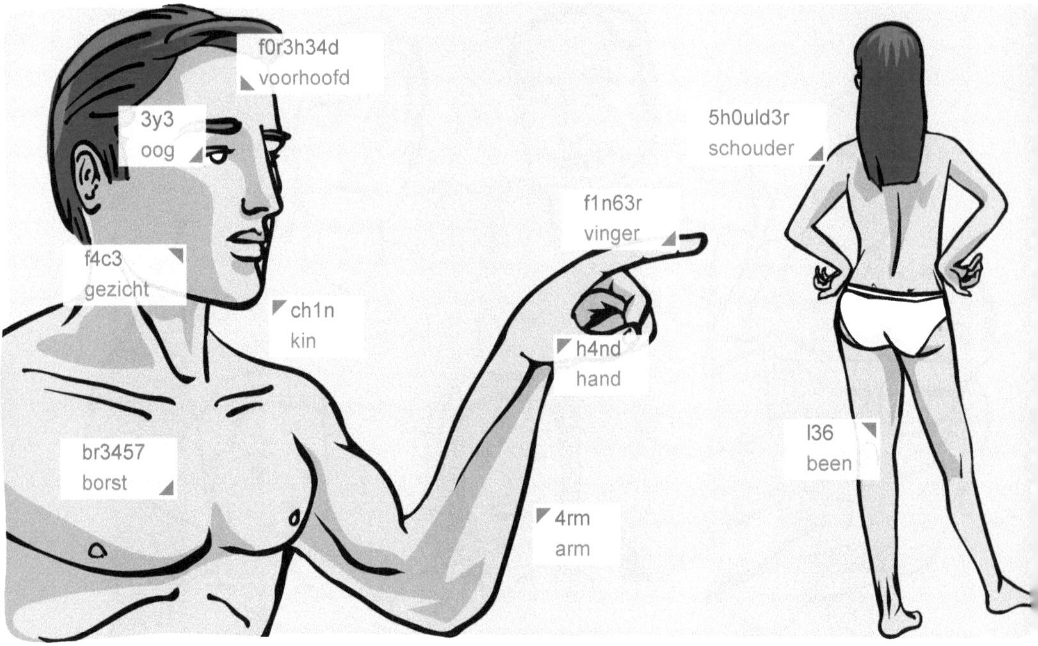

f0r3h34d
voorhoofd

3y3
oog

5h0uld3r
schouder

f1n63r
vinger

f4c3
gezicht

ch1n
kin

h4nd
hand

br3457
borst

l36
been

4rm
arm

b4by

baby

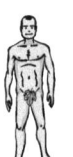

m4n

man

w0m4n

vrouw

61rl

meisje

b0y

jongen

h34d

hoofd

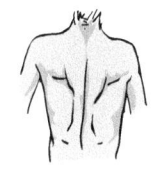

b4ck

rug

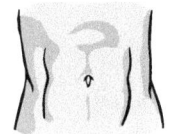

b3lly

buik

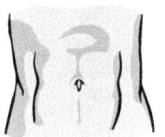

n4v3l

navel

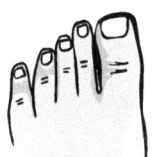

703

teen

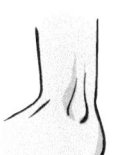

h33l

hiel

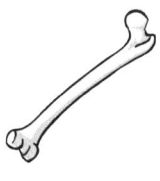

b0n3

bot

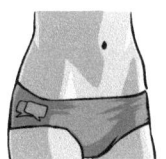

h1p

heup

kn33

knie

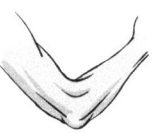

3lb0w

elleboog

n053

neus

bu770ck5

zitvlak

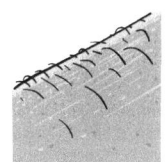

5k1n

huid

ch33k

wang

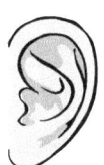

34r

oor

l1p

lip

m0u7h

mond

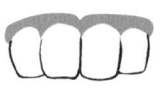

7007h

tand

70n6u3

tong

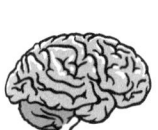

br41n

hersenen

h34r7

hart

mu5cl3

spier

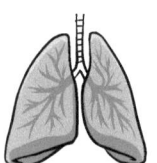

lun6

long

l1v3r

lever

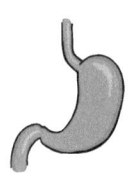

570m4ch

maag

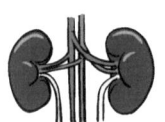

k1dn3y5

nieren

53x

seks

c0nd0m

condoom

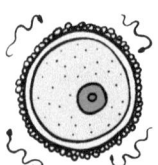

0vum

eicel

53m3n

sperma

pr36n4ncy

zwangerschap

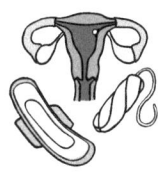

m3n57ru4710n

menstruatie

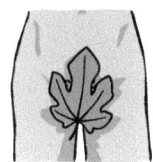

v461n4

vagina

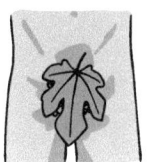

p3n15

penis

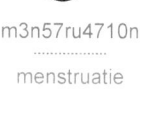

3y3br0w

wenkbrauw

h41r

haar

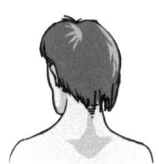

n3ck

nek

h05p174l
ziekenhuis

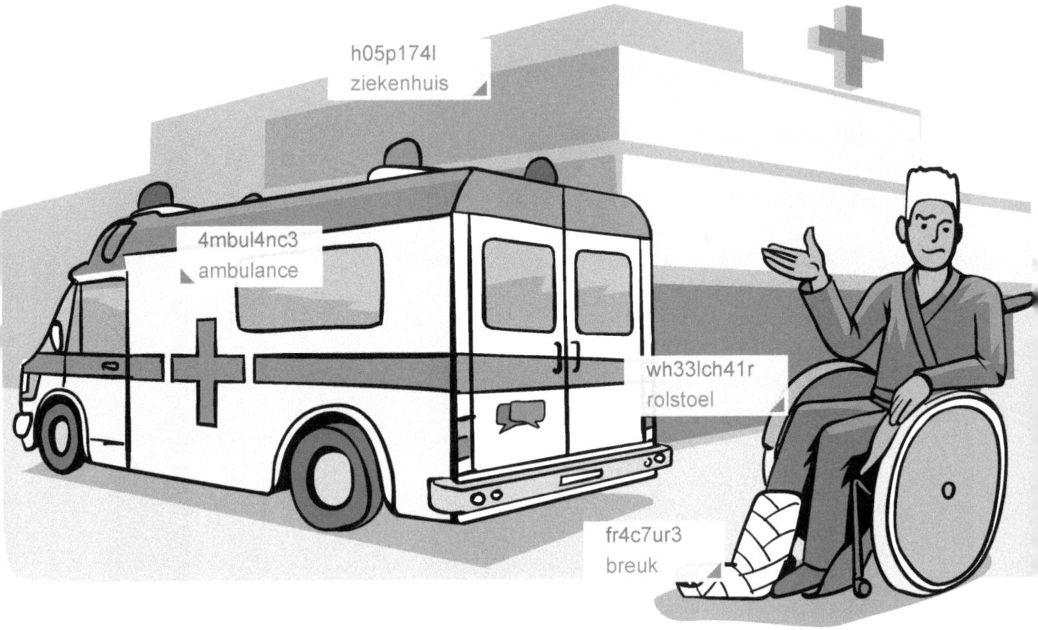

h05p174l
ziekenhuis
4mbul4nc3
ambulance
wh33lch41r
rolstoel
fr4c7ur3
breuk

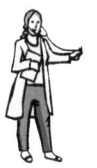

d0c70r

dokter

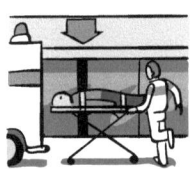

3m3r63ncy r00m

spoed

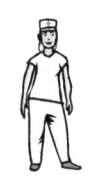

nur53

verpleegkundige

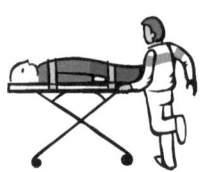

3m3r63ncy

noodgeval

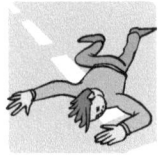

unc0n5c10u5

bewusteloos

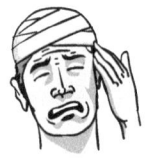

p41n

pijn

1njury

verwonding

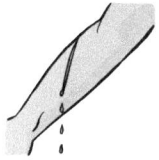

bl33d1n6

bloeding

h34r7 4774ck

hartaanval

57r0k3

beroerte

4ll3r6y

allergie

c0u6h

hoest

f3v3r

koorts

flu

griep

d14rrh34

diarree

h34d4ch3

hoofdpijn

c4nc3r

kanker

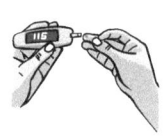

d14b3735

diabetes

5ur630n

chirurg

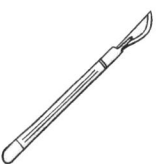

5c4lp3l

scalpel

0p3r4710n

operatie

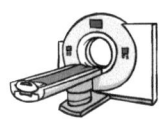

c7

CT

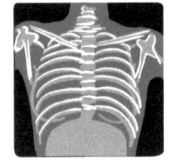

x-r4y

röntgenstraal

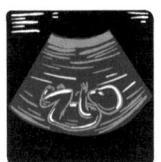

ul7r450und

ultrageluid

f4c3 m45k

gezichtsmasker

d153453

ziekte

w4171n6 r00m

wachtkamer

cru7ch

kruk

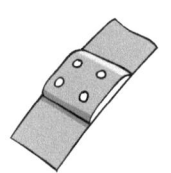

pl4573r

pleister

b4nd463

verband

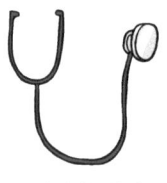

1nj3c710n

injectie

5737h05c0p3

stethoscoop

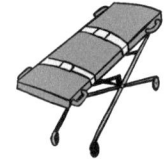

57r37ch3r

brancard

cl1n1c4l 7h3rm0m373r

thermometer

b1r7h

geboorte

0v3rw316h7

overgewicht

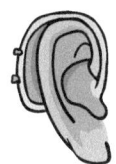

h34r1n6 41d

hoorapparaat

d151nf3c74n7

ontsmettingsmiddel

1nf3c710n

infectie

v1ru5

virus

h1v / 41d5

HIV / AIDS

m3d1c1n3

medicijn

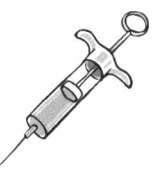

v4cc1n4710n

vaccinatie

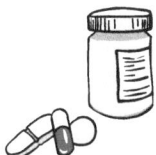

74bl375

tabletten

p1ll

pil

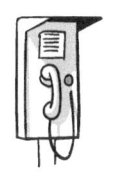

3m3r63ncy c4ll

noodoproep

bl00d pr355ur3 m0n170r

bloeddrukmeter

1ll / h34l7hy

ziek / gezond

h3lp!

Help!

4l4rm

alarm

4554ul7

overval

4774ck

aanval

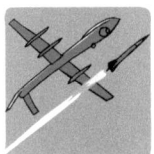

d4n63r

gevaar

3m3r63ncy 3x17

nooduitgang

f1r3!

Brand!

f1r3 3x71n6u15h3r

brandblusser

4cc1d3n7

ongeval

f1r57-41d k17

EHBO-kit

505

SOS

p0l1c3

politie

3ur0p3

Europa

n0r7h 4m3r1c4

Noord-Amerika

50u7h 4m3r1c4

Zuid-Amerika

4fr1c4

Afrika

4514

Azië

4u57r4l14

Australië

47l4n71c

Atlantische Oceaan

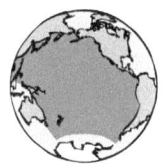

p4c1f1c

Stille Oceaan

1nd14n 0c34n

Indische Oceaan

4n74rc71c 0c34n

Antarctische Oceaan

4rc71c 0c34n

Arctische Oceaan

n0r7h p0l3

Noordpool

50u7h p0l3

Zuidpool

4n74rc71c4

Antarctica

34r7h

aarde

l4nd

land

534

zee

15l4nd

eiland

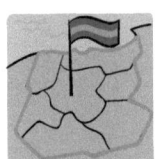

n4710n

natie

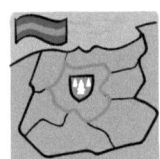

57473

staat

cl0ck f4c3

wijzerplaat

h0ur h4nd

uurwijzer

m1nu73 h4nd

minuutwijzer

53c0nd h4nd

secondewijzer

wh47 71m3 15 17?

Hoe laat is het?

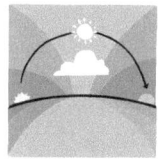

d4y

dag

71m3

tijd

n0w

nu

d16174l w47ch

digitale horloge

m1nu73

minuut

h0ur

uur

w33k

week

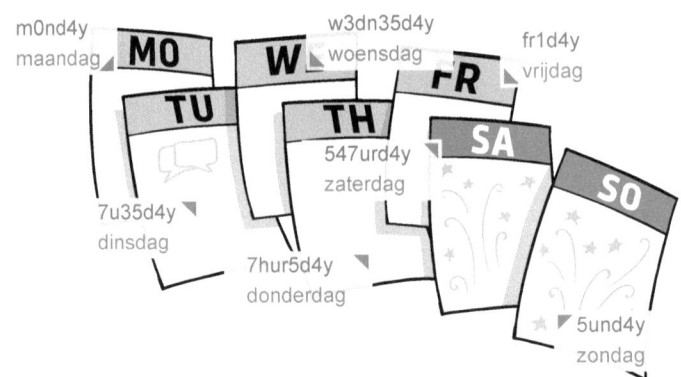

m0nd4y
maandag

w3dn35d4y
woensdag

fr1d4y
vrijdag

7u35d4y
dinsdag

547urd4y
zaterdag

7hur5d4y
donderdag

5und4y
zondag

y3573rd4y

gisteren

70d4y

vandaag

70m0rr0w

morgen

m0rn1n6

ochtend

n00n

middag

3v3n1n6

avond

w0rkd4y5

werkdagen

w33k3nd

weekend

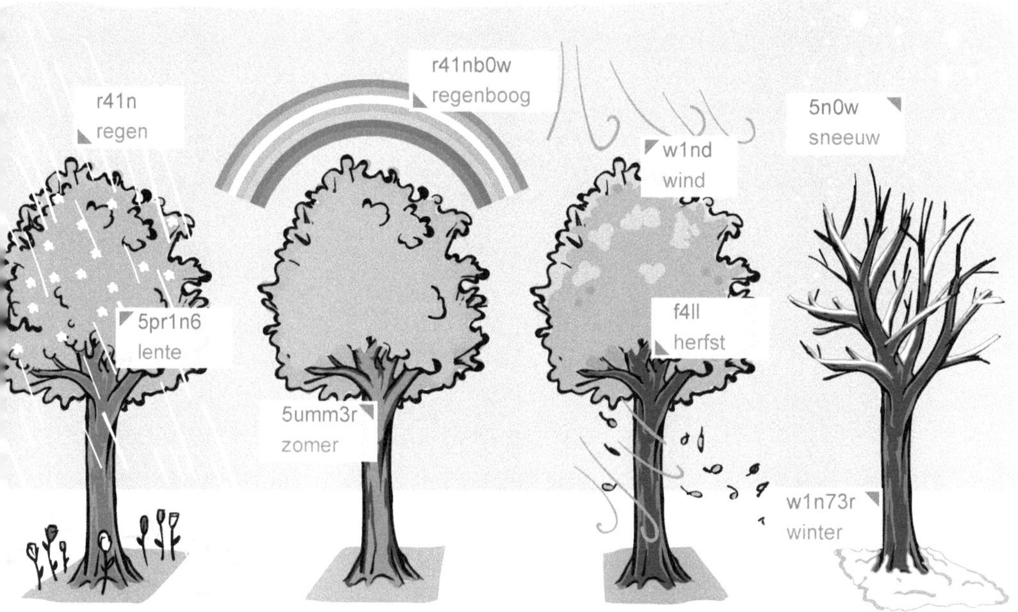

r41n — regen

r41nb0w — regenboog

w1nd — wind

5n0w — sneeuw

5pr1n6 — lente

5umm3r — zomer

f4ll — herfst

w1n73r — winter

w347h3r f0r3c457

weervoorspelling

7h3rm0m373r

thermometer

5un5h1n3

zonneschijn

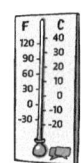

cl0ud

wolk

f06

mist

hum1d17y

vochtigheid

l16h7n1n6

bliksem

7hund3r

donder

570rm

storm

h41l

hagel

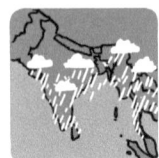

m0n500n

moesson

fl00d

overstroming

1c3

ijs

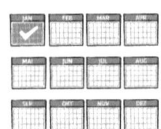

j4nu4ry

januari

f3bru4ry

februari

m4rch

maart

4pr1l

april

m4y

mei

jun3

juni

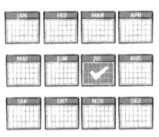

july

juli

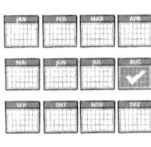

4u6u57

augustus

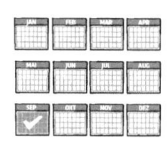

53p73mb3r

september

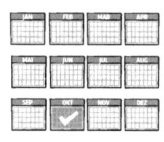

0c70b3r

oktober

n0v3mb3r

november

d3c3mb3r

december

5h4p35
vormen

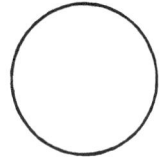

c1rcl3

cirkel

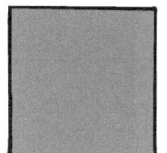

5qu4r3

kwadraat

r3c74n6l3

rechthoek

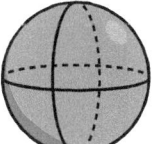

7r14n6l3

driehoek

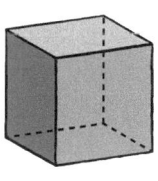

5ph3r3

bol

cub3

kubus

wh173

wit

y3ll0w

geel

0r4n63

oranje

p1nk

roze

r3d

rood

purpl3

paars

blu3

blauw

6r33n

groen

br0wn

bruin

6r4y

grijs

bl4ck

zwart

4 l07 / 4 l177l3

veel / weinig

4n6ry / c4lm

boos / kalm

b34u71ful / u6ly

mooi / lelijk

b361nn1n6 / 3nd

begin / einde

b16 / 5m4ll

groot / klein

br16h7 / d4rk

licht / donker

br07h3r / 51573r

broer / zus

cl34n / d1r7y

proper / vuil

c0mpl373 / 1nc0mpl373

volledig / onvolledig

d4y / n16h7

dag / nacht

d34d / 4l1v3

dood / levend

w1d3 / n4rr0w

breed / smal

3d1bl3 / 1n3d1bl3

eetbaar / oneetbaar

3v1l / k1nd

kwaadaardig / vriendelijk

3xc173d / b0r3d

opgewonden / verveeld

f47 / 7h1n

dik / dun

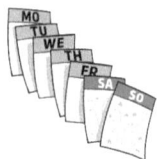

f1r57 / l457

eerst / laatst

fr13nd / 3n3my

vriend / vijand

full / 3mp7y

vol / leeg

h4rd / 50f7

hard / zacht

h34vy / l16h7

zwaar / licht

hun63r / 7h1r57

honger / dorst

1ll / h34l7hy

ziek / gezond

1ll364l / l364l

illegaal / legaal

1n73ll163n7 / 57up1d

intelligent / dom

l3f7 / r16h7

links / rechts

n34r / f4r

dichtbij / veraf

n3w / u53d

nieuw / gebruikt

n07h1n6 / 50m37h1n6

niets / iets

Old / yOun6

oud / jong

On / Off

aan / uit

Op3n / cl053d

open / dicht

qu137 / lOud

stil / luid

r1ch / pOOr

rijk / arm

r16h7 / wrOn6

juist / fout

rOu6h / 5m007h

ruw / glad

54d / h4ppy

droevig / blij

5hOr7 / lOn6

kort / lang

5lOw / f457

traag / snel

w37 / dry

nat / droog

w4rm / cOOl

warm / koud

w4r / p34c3

oorlog / vrede

numb3r5

cijfers

0

z3r0

nul

1

0n3

één

2

7w0

twee

3

7hr33

drie

4

f0ur

vier

5

f1v3

vijf

6

51x

zes

7

53v3n

zeven

8

316h7

acht

9

n1n3

negen

10

73n

tien

11

3l3v3n

elf

12
7w3lv3
twaalf

13
7h1r733n
dertien

14
f0ur733n
veertien

15
f1f733n
vijftien

16
51x733n
zestien

17
53v3n733n
zeventien

18
316h733n
achtien

19
n1n3733n
negentien

20
7w3n7y
twintig

100
hundr3d
honderd

1.000
7h0u54nd
duizend

1.000.000
m1ll10n
miljoen

3n6l15h

Engels

4m3r1c4n 3n6l15h

Amerikaans Engels

ch1n353 m4nd4r1n

Chinees (Mandarijn)

h1nd1

Hindi

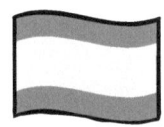

5p4n15h

Spaans

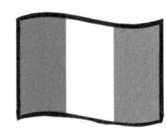

fr3nch

Frans

4r4b1c

Arabisch

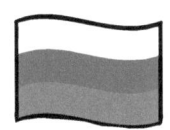

ru5514n

Russisch

p0r7u6u353

Portugees

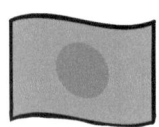

b3n64l1

Bengali

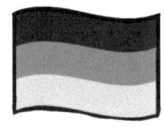

63rm4n

Duits

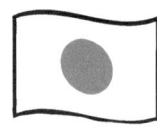

j4p4n353

Japans

1

ik

y0u

u

h3 / 5h3 / 17

hij / zij / het

w3

wij

y0u

u

7h3y

ze

wh0?

wie?

wh47?

wat?

h0w?

hoe?

wh3r3?

waar?

wh3n?

wanneer?

n4m3

naam

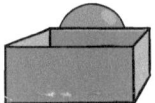

b3h1nd

achter

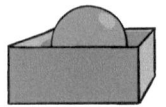

1n

in

1n fr0n7 0f

voor

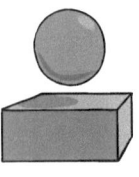

0v3r

boven

0n

op

und3r

onder

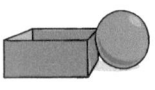

b351d3

naast

b37w33n

tussen

pl4c3

plaats